営業の
プレゼンテーション

寺澤　進吾 著

職業訓練法人H＆A

◇ 発行にあたって

　当法人では、人材育成に係る教材開発を手掛けており、本書は愛知県刈谷市にあります ARMS 株式会社（ARMS 研修センター）の新入社員研修を進行する上で使用するテキストとして編集いたしました。

　ARMS 研修センターの新入社員研修の教育プログラムでは、営業コースをはじめ、オフィスビジネスコース、機械加工コース、プレス溶接加工コース、樹脂加工コースなど全 18 種類の豊富なコースを提供しております。また、昨今の新型コロナウイルス感染拡大を受け、Zoom※でのネット受講でも使用できるように、できる限りわかりやすくまとめましたが、対面授業で使用するテキストを想定しているため、内容に不備があることもございます。その点、ご理解をいただければと思います。

　本書では新入社員研修の内容をご理解いただき、日本の将来を背負う新入社員の教育に役立てていただければ幸いです。

　最後に、本書の刊行に際して、ご多忙にもかかわらずご協力をいただいたご執筆者の方々に心から御礼申し上げます。

2021 年 3 月
職業訓練法人　H&A

※Zoom は、パソコンやスマートフォンを使って、セミナーやミーティングをオンラインで開催するために開発されたアプリです。

本書で使用するデータ（Word・Excel・PowerPoint・JPEG）は以下の URL、または右の QR コードよりダウンロードをお願いします。

https://www.sankeisha.com/h-a/5/

◇ 目次

第 1 章

プレゼンテーションの技術

01　効果的な伝え方

1．自己演出

　コンペティションや新規のクライアントへのプレゼンテーションにおいて、自社の商品、サービスの価値および優位性を伝えるには、聴き手であるクライアントに好印象を与えることは重要です。

　対人関係において好印象を与えるには、ビジネスの様々な場面で印象付けをすることにより好感度を上げることができます。しかし、コンペティションにおけるプレゼンテーションの場合、事前にクライアントに好印象を与えることは難しいといえます。また、プレゼンテーションに与えられる時間は限りがあり、プレゼンの冒頭で印象付けのために多くの時間を割くことはできません。

　第一印象を決定するのは、対面時の「最初の 6 秒」といわれています。6 秒という限られた時間でできることといえば、挨拶をする程度の時間しかありません。限られた時間と条件の中で聴き手に好印象を与えるには、身だしなみを整え清潔感や快活さを感じさせる挨拶をすることが重要です。また、挨拶のタイミングで好印象を与えることができれば、プレゼンテーションに対して聴き手の興味を誘うことができます。

　この章では、プレゼンテーションで効果的に伝える自己演出の方法について学んでいきます。

●身だしなみの演出

　プレゼンテーションにおいて聴き手に好印象を与えるには、身だしなみの自己演出が非常に重要になります。身だしなみで留意すべきポイントはいくつかあります。プレゼンテーションは数名から大人数の前で発表するため、特に注意するのは髪型と着衣の乱れです。髪型に関しては、前髪を上げておでこをみせるようにします。これは、昔から「自身のある人は、おでこを出している人が多い」といわれているからです。着衣についてはカッターシャツやブラウスの襟が歪んでいたり、上着からはみ出たりしないように注意します。プレゼンテーションの際、パワーポイントの画面と同じくらい発表者の顔をみます。その時、襟元が乱れていると頼りない印象を与えてしまいます。プレゼンテーションの前に、清潔感、好感の持てる髪型、着衣に身を整えましょう。

　また、カラーコーディネイトを意識することで聴き手に対して好印象を与えることができます。図表 1 - 1 にあるように、色には様々な意味合いがあります。プレゼンテーションの際に意識する色として、男性のネクタイの色や女性のスカーフの色があります。身につけるネクタイやスカーフの色で相手に与える印象が大きく変わります。例えば、赤のネクタイをつけていると情熱的、活動的と心理的影響からプレゼンテーションを成功させようとする熱意が伝わりやすくなります。また、青色を選択すると、さわやかな印象を与えプレゼンテーションの発表者が冷静で論理的と感じたりもします。

プレゼンテーションで相手にどの様に受け取ってもらえるかは、カラーコーディネイトによる印象によって変わることもあります。

図表1-1：カラーコーディネイト

色	プラスの心理的影響
赤	情熱的　活動的　晴れやか　暖かい　元気の良い　購買欲求
青	さわやか　清らか　清涼感　すっきり　クール　閑静
黄	若々しい　陽気　明るい　楽しい
緑	ナチュラル　新鮮　穏やか　すがすがしい
紫	高貴　優雅　神秘的　厳粛　神聖　ゴージャス　個性的
橙	親しみ　健康的　開放的　食欲増進　フレッシュ　気軽
桃	女性的　ロマンチック　優しい　幸福　かわいい　エレガント
茶	落ち着いた　穏やか　古風　慎重　丈夫　地味　堅実
黒	フォーマル　格調高い　洗練された　高級　重厚感
白	すっきり　クリア　清涼　上品　高貴　すがすがしい

●笑顔と挨拶による演出

　ビジネスの成果に直結するプレゼンテーションでは、多くの方が緊張するものです。緊張状態になると顔の筋肉が強張ることで、表情が乏しくなり仏頂面に見えてしまうことがあります。そして、顔の筋肉が強張ることは、発声や滑舌にも大きく影響を及ぼします。優れたプレゼンテーションの内容も、小さな声でボソボソと聞き取りにくい声で話せば聴き手には伝わりません。また、聴き手に与える印象にも悪影響を及ぼします。

　聴き手に好印象を与えるためには、親しみやすい笑顔を心掛ける必要があります。しかし、緊張状態にある中で急に笑顔を作ろうとしても、筋肉が硬直している状態では自然な笑顔を作ることは容易ではありません。プレゼンテーションが始まる前に、顔のストレッチなどをして筋肉をほぐしておきます。

図表1-2：顔のストレッチ

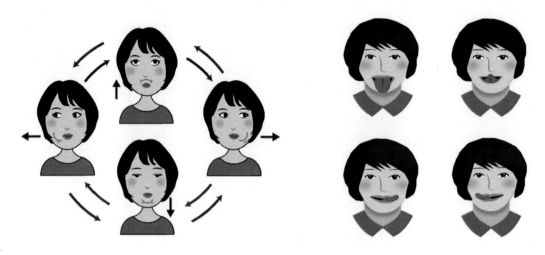

　緊張で顔が強張らないように事前にストレッチでほぐす

●自己紹介による演出

　プレゼンテーションの際に行う自己紹介には、単にプレゼンターの紹介だけではなく、プレゼンテーションの場の雰囲気を作る「アイスブレイク」にも利用できます。アイスブレイクとは、人が集まる場を和ませ、コミュニケーションがとりやすい雰囲気を作ることです。自己紹介の中に効果的にアイスブレイクを取り入れることで、本題に入る前に、プレゼンテーションを行いやすい雰囲気を作り出すことができます。どのような雰囲気にしたいかを考えて、それに合った自己紹介とアイスブレイクの内容を前もって準備しておくことは、プレゼンテーションを成功へ導く非常に重要なポイントとなります。

　プレゼンテーションでの自己紹介は、30秒程度で簡潔に話すことが重要なポイントです。30秒という限られた時間の中で、プレゼンテーションのテーマや内容に繋がる話題や表現を交えて話すと効果的です。

２．話し方と表現力

　自己演出効果により聴き手に第一印象で好印象を与えることができたら、次はプレゼンテーション全体の印象付けをするため、話し方にメリハリを利かせます。新聞の一面や雑誌の表紙が全て同じ大きさの文字、色使いで書かれていたとしたら、どの情報が重要で何について伝えたいかが分かりにくいものになります。重要な部分が大文字（太字）や、着色（装飾）が施されていることで内容が伝わりやすくなるように話し方にも強弱をつけます。

　話し方にメリハリを利かせるには、内容の重要度によって話し方を変えます。声の高さ、大きさ、スピードの３つの要素を意識して話します。

　第一に、声の高さです。プレゼンテーションの第一声は少し高めの声で話すようにします。少し高めの声は明るい印象を与え、聴き手が受ける印象が良くなります。電話などでよそゆきの声で応対するのと同じように少し高めの声にすることで、明るく活発な印象にします。

　第二に、声の大きさです。声の大きさは内容の重要度によって変えます。これは、新聞の見出し記事が重要度に応じて大きさを変えて掲載されている様子をイメージすると分かりやすいと思います。大事な内容は大きな声で力強く話しましょう。

　最後に、話をするスピードです。重要な部分や、特に伝えたい内容はゆっくりと話すようにしましょう。ご高齢の方に話すとき、普段よりも大きな声でゆっくりと話しかけるのと同じ要領です。ご高齢の方でも聞き取れ、理解できるということは、結果として聞き取りやすい話し方であるということです。またゆっくりと話すことで、聴き手に理解するための時間を与えられ、しっかりと理解してもらえます。

（1）アイコンタクト

　「目を見て話しましょう」は、よく使われるフレーズですが、プレゼンテーションにおいても同様に目を見て話す「アイコンタクト」が重要な要素となります。目を見て話すことで「あなたに対して話しています」と、いうことを明確に伝えます。同じ内容の話でも目を見て言われると、自分に向けてのメッセージだなと感じるはずです。そして、話の内容に集中して聞くようになります。まずは、目を見て話す「アイコンタクト」の目的をしっかり理解しましょう。

　プレゼンテーションでは、「資料を投影しているスクリーンだけを見ながら話をしない」「資料のある手元だけを見ながら話さない」ことが重要です。また、聴き手にも顔を上げて話を聞いてもらうために事前に資料を配布などせず、プレゼンテーションに集中してもらう事も手法の一つです。「アイコンタクト」は、プレゼンテーターと聴き手の双方が顔を上げていないと成立しませんので、十分に注意しましょう。

　聴き手が複数名の場合（大きなコンペティションでは、20名以上の場合もある）、聴き手一人ひとりに視線を合わせるように心掛けます。広い会場などでプレゼンテーションを行う場合のアイコンタクトは難しいので、聴き手を3つか4つのブロックに分けるようにします。そして、ブロックごとに視線を移すことで、アイコンタクトを成立させます。

　アイコンタクトをとるときは、最低2秒は見るようにします。2秒は短いと感じるかもしれませんが、実際にやってみると長く感じます。プレゼンテーションの最中に時間をはかることはできませんので、文章の句読点やスライドの切り替えなどのタイミングで視線を移すとよいでしょう。

図表1-3：アイコンタクトと体の向き

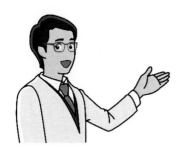  

目線は常に聴き手におくる

（２）ジェスチャー

　聞き取りやすい話し方やアイコンタクトで、聴き手を引き込む伝え方ができるようになったら、身振り・手振りとった「ジェスチャー」も使いこなせるようになりましょう。

　ジェスチャーと聞くと、外国人のような派手なアクションをイメージしてしまい、多くの日本人には苦手意識があります。確かに、プレゼンテーションの時になって急に大げさな身振り・手振りを交えて話すことは難しいかもしれません。

　ジェスチャーを上手く取り入れたプレゼンテーションをする人からは、エネルギッシュさや頼りがいなどを感じます。体の動きを交えたプレゼンテーションは聴き手に与える効果が高いにもかかわらず、意識的にジェスチャーを利用している人は非常に少ないのが実情です。良いジェスチャーを知り、より自然で効果的な動きを身につけましょう。

　良いジェスチャーとは、話の内容や重要性に合わせて動き表現することです。話の内容とは無関係に動いたりすると、落ち着きのない印象を与え肝心なプレゼンテーションの内容が伝わらなくなります。「良いジェスチャー」と「悪いジェスチャー」の具体的な例を紹介します。

●良いジェスチャー
- ・リズムをつける・・・話すリズムに合わせて手を動かす
- ・指し示す・・・・・「あなたと私」といった関係、大きさ、数などを指し示す
- ・真似をする・・・・驚き、困惑やひらめきなどの感情の様子や、パソコンやスマホの操作などの動作を真似する

●悪いジェスチャー
- ・落ち着きがない・・・体を揺らす、貧乏ゆすりをする。髪の毛を頻繁に触る。不必要にうろうろと動く。
- ・自信がなさそう・・・頭をかく。口元を隠す。手元の資料やパソコンから目を離さない。
- ・不快感を与える・・・腕を組んで話し続ける。机に手をついて話す。ポケットに手を入れる。

　良いジェスチャーを心掛けたとしても、早く動きすぎると慌てた印象を与え、落ち着きがないように見えてしまいます。聴き手に好印象を与えるジェスチャーをするには、ゆっくり動いて、最後に２～３秒止まる「間」を取ることがポイントです。ゆっくり話し、ゆっくり動くことで、自然でより効果的な動きとなります。

　最後に、効果的なジェスチャーとして聴き手に近づくという方法があります。今まで説明したジェスチャーは、基本的に立っている場所から動かずに身振り・手振りでするものでした。会場などの条件が許せば、立っている場所から聴き手にゆっくりと近づき語りかけます。話し手が近づいてくるというのは非常に効果的な演出です。コンペティションやプレゼンテーションの場に最終決裁者が参加しているときは、意図的に近づくことでより強い印象を与えることができます。

図表 1-4：ジェスチャー説明

良いジェスチャー

注意を引き付けるジェスチャー

お手上げ・問題がある事を示すジェスチャー

大きさを示すジェスチャー

形を示すジェスチャー

驚きを表現するジェスチャー

NG を表現するジェスチャー

悪いジェスチャー

頭をかき自信なさそうなジェスチャー

腕組みで威圧感を与えるジェスチャー

02　事前準備

1．説明準備

　多くの人が人前で話すときに緊張してあがってしまいます。しかし、人前で話すときに緊張するのは当たり前のことです。緊張すること自体は問題ではありません。問題なのは、緊張してあがったときに失敗してしまうことです。

　緊張状態をコントロールして集中力を高め、最大限の力を発揮するため緊張の原因を理解して対処法を実践しましょう。

● 緊張の原因①

　緊張してあがってしまうという理由のほとんどは準備不足です。人前で話す職業の人でも、準備不足で本番を迎えるのは非常に嫌なものです。

　人前で話す経験が少ない人や、苦手と思っている人は、自分が納得できるまで準備に時間を使いましょう。本番でのプレゼンテーションがイメージできるくらい準備をします。「プレゼンのはじめと終わりは、どのような話をするのか」、「このページはどのような例え話をするのか」、「話題を変えるときは、どういった接続詞でつなぐのか」といったところまで考えておきます。そして、すべての内容が時間内に収まり自信をもって話せるようになるまで徹底的に練習をして緊張の原因を取り除きます。

● 緊張の原因②

　緊張してあがる理由の一つに、自意識過剰があります。自意識過剰とは、自分に意識が集中している状態です。「笑われたら・・・」、「馬鹿にされたら・・・」と、他人の評価ばかりを気にすることであがってしまい、失敗することがあります。

　この場合、自分に意識を向けるのではなく、相手、つまり聴き手のことを考えることに集中します。「この話題に興味がありそうか」、「どう説明すればより深く理解してもらえるか」など、聴き手に意識を向け準備をすれば、自意識過剰が引き起こす失敗は防ぐことができるはずです。

● 緊張の原因③

　緊張してあがる理由に「見知らぬ場所」という条件が要因になるケースがあります。初めて行くレストランで緊張した経験はありませんか？　行きつけのレストランではリラックスして食事を楽しむことができます。この違いはどこからくるのでしょうか。それは、レストランのことを「どれくらい知っているか」です。

　プレゼンテーションも同じように、「どのような場所でプレゼンテーションをするのか」を、知っていると安心します。「どのような会場レイアウト」、「どこで話をするのか」、「パソコン、スクリーンやホワイトボードはどこにあるのか」、これらが分かっているだけでも安心できます。

実際にプレゼンをする前には、会場や会場周辺の下見をして、プレゼンをする様子をイメージすることで緊張状態を取り除くことができます。

２．機材、資料の準備

　プレゼンテーションを行う場合、その成否は事前の準備にかかっているといっても過言ではありません。緊張のコントロール以外にも、事前準備が必要なものに使用機材の確認と配布や、資料の用意があります。特にプレゼンテーションで使用する機材の事前確認は、プレゼンテーションの成果に大きな影響を及ぼすことがあるので、十分に注意することが必要です。

● パソコンの充電とアダプターやバッテリーを準備する

　発表会場へ行くときには、アダプターをしっかり準備しましょう。電源を使えるか否かは、会場によって変わるので、主催者側に確認するのがマナーです。会場の都合で電源につなげない場合には、モバイルバッテリーがあると安心です。

　発表前には、パソコンの充電をしっかりと済ませましょう。電池の残量も意識しておくとよいでしょう。アダプターをつないでも、充電が切れかかっていると、すぐには起動しないことがあります。余裕を持つためにも、しっかりと充電しておきます。

● 使用するパソコンの機種やOS、使用ソフトのバージョンを確認する

　プレゼンテーションでは、準備したパソコンと同機種のパソコンで発表できれば、大きなトラブルの発生は防ぐことができます。コンペティションや競合他社と同日にプレゼンテーションを行う場合、主催者側から使用するパソコンを指定されることがあります。

　パソコンの機種、OS および使用ソフトやアプリケーションのバージョンが気になるときは、主催者側に事前に確認を取っておくとよいでしょう。

　他のパソコンで発表するときには、どんなパソコンでも対応できるように準備しておくことが大切です。例えばフォントや改行では、下記のように対策できます。

　✓　**フォント：特殊なフォントの使用は控える。**
　　どうしても使う必要があるときには、画像データにして貼り付けるなどして対応する。

　✓　**改行：パワーポイントの初期設定では、改行すると自動で箇条書きになるが「Shift + Enter」を押すと、箇条書きにならずに改行できる。**

　多少表示がずれても対応できるように、枠いっぱいに文字を置くのではなく、余裕を持たせるようにします。可能であれば、発表前に一通りスライドに目を通すと、さらに確実です。

● その他の機材の確認

　プレゼンテーションでは、画像やデータを投影するためプロジェクタを使用します。パソコンとプロジェクタをつなげる場合、大きく2種類の端子があります。

図表 1-5：端子の例

VGA 映像のみ出力　　　**HDMI** 映像と音声を出力

	出力	形状・特徴
VGA	映像のみ	台形、蜂の巣状
HDMI	映像＆音声	HDMI の表記

　プレゼンの途中で動画を使うときには、どういった環境なのか確認しましょう。

＜例＞
・会場は大きめの会議室。聞き手からは画像が見にくいケースもある。
・音声付きの動画を見せたい。
・パソコンには VGA 端子しかない。⇒動画は VGA 端子経由でスクリーンに表示。
　　　　　　　　　　　　　　　　　　　　音声は手元の PC で直接流す。

　このように、PC の環境や発表会場などを考慮して判断するとよいでしょう。
　可能であれば、動画や音声がきちんと作動するか、事前に確認しておくとさらに安心です。

● 資料配布はプレゼンテーションが終わったのちに行う
　プレゼンテーションを行うときに、資料としてプレゼンテーションのパワーポイントを印刷したものを資料として配布することがあります。これらの資料を配布する際は、プレゼンテーションが終了したのちに配布するようにしましょう。
　プレゼンテーションの内容がそのまま記載されている配布物は、聴き手の意識が配布物に向いてしまい、肝心な説明に対して注意散漫になりがちです。また、配布物を読むことでプレゼンテーションの内容を概ね把握してしまい、関心が薄れてしまいます。このような事態を防ぎ、聴き手の意識を集中させるため、パワーポイントの印刷物はプレゼンテーション後に配布するようにします。
　プレゼンテーションの配布資料は、データや実績値などを示す図表などの補足資料を配ることでプレゼンテーションの際、具体的数値や実績を伝える効果を高めることができます。

第 2 章

プレゼンテーション
資料の作成

01　シナリオ作りのポイント

　ビジネスにおいてプレゼンテーションをする機会は沢山あります。良いプレゼンテーションの資料を作るためには事前にしっかりと構成や論理展開を考えておく必要があります。

　今回は「実際に作り始める前に考えておくべき分かりやすいプレゼン資料を作るための構成とコツ」を分かりやすく整理して解説しています。

　プレゼンテーションとは「相手に自分の意見や情報を伝え、理解し・納得し・行動してもらい、それにより自分の目的を達成すること」です。そう考えればプレゼンテーションは、ビジネスだけでなく学術研究や政治、日常生活までありとあらゆる場面で行われていることが分かると思います。

　プレゼンテーションの一連の流れを図にすると、下のようになります。

　この章では、プレゼンテーション資料を作り始める「目的の設定」、「全体の構成」、「ストーリー」、「論理展開」について解説していきます。

02　ストーリーを組み立てる

1．プレゼンテーションの相手と目的

　"ビジネスでプレゼンテーションを行う相手は誰か。"また、"プレゼンテーションの目的は何か"プレゼンテーションでは、この2点をよく把握しておく必要があります。

　特に意識してほしいのがプレゼンテーションの目的＝ゴールです。

　プレゼンテーションのゴールとは、「相手に行動してもらう」ことです。そのため、どんなに分かりやすく優れたプレゼンテーションを実施したとしても、プレゼンテーション後に相手が行動しなければ、それは良いプレゼンテーションとはいえません。つまり、プレゼンテーション後に、契約成立に結び付かなければプレゼンテーションは失敗となります。

　「相手に行動を促す」ためのプレゼンテーションには、3つのコツがあります。

　1つめのコツは、「相手がプレゼンテーションの内容を理解できる」ことです。プレゼンテーションを聞いた後に、相手が「何を言っているんだろう？」「何を伝えたいのか分からない」という状態では、相手はその後の行動を起こすことはありません。

　2つめのコツは、「プレゼンテーションの内容に納得できる」ことです。プレゼンテーションを聞いた後に、相手が「言いたいことは分かるが、やりたくない」、「理解はしたが本当に上手くいくのか腹落ちしていない」という状態だと、これも、相手はその後の行動を起こすことはありません。

　3つめのコツは、「プレゼンテーションの内容をもとに実際に行動できる」ということです。プレゼンテーション後に、相手が「納得できたが現実には無理だろう」、「理屈は分かるが実際にはできない」という状態だと、これもまた、相手はその後の行動を起こすことはありません。

図表 2-1：良いプレゼンテーションと悪いプレゼンテーション

良いプレゼンテーション

プレゼンテーション	理解できた！	納得できた！	行動できる！	実際に行動

悪いプレゼンテーション

プレゼンテーション	よく理解できない…	理解できるが、納得できない…	納得したが、行動は難しい	行動に移せない

　図のように、「相手に自分の意見や情報を伝え、理解し・納得し・行動を促すことで、自分の目的を達成すること」が良いプレゼンテーションです。

　プレゼンテーションのシナリオ作成の前に、図のようにプレゼンテーションの相手と目的を明確にしておきます。

プレゼンテーションの相手・目的	
プレゼンテーションの相手は誰か？	
プレゼンテーションの目的は何か？	

２．伝えるべきメッセージ

　プレゼンテーションの相手と目的を明確に設定したら、相手（交渉相手）に伝えるべきメッセージを考えます。

　相手と目的が変われば、伝えるべきメッセージも変わってきます。例えば、相手が「親」で、目的が（お小遣いの増額）であるプレゼンテーションを例に考えてみましょう。この場合相手に何を伝えれば、行動「お小遣いを上げる」してくれるでしょうか。

　この場合、お金を使う用途と、必要な金額を計算して、いくら不足しているかを示せばよいかもしれません。あるいは、周りの友人達が自分以上にお小遣いをもらっていることを示すべきかもしれません。はたまた、成績が上がったご褒美をもらうことを主張するとよいかもしれません。

　このように、相手が理解し・納得し・行動するために、どんなメッセージが適切なのかをきちんと定義しましょう。

聞き手や目的によって伝えるべきメッセージは変わる

- 親にお小遣いの増額を承諾してもらうためには、生活で不足する額、友人の小遣い額を伝えるべき？
- 会社の上司にプロジェクトの状況を報告するためには、計画と進捗、遅れの原因と対策を伝えるべき？
- 投資家に起業資金の出資を頼むには、収益性、新奇性、成長性、競争優位性を伝えるべき？

　プレゼン資料を作成する際には、下の図のように伝えるべきメッセージを明確にして書き出しておきます。

プレゼンテーションで伝えるべきメッセージ	
聞き手が理解、納得し・行動できるメッセージは何か？	

3．プレゼンテーションのストーリーと構成

　プレゼンテーションのストーリーとは、メッセージを補足する情報のことで、ストーリーがあることで相手がメッセージを理解できるようになります。具体的には、プレゼンテーションのストーリー＝何をどんな順番でどのように伝えていくかの構成のことをいいます。

　ストーリーの基本形は「起承転結」です。一般的に使われているストーリー構成ですが、プレゼンテーションのストーリー構成にはふさわしくない部分もあります。

　ビジネスにおけるプレゼンテーションの多くは問題解決の提案です。問題解決の提案には、「空雨傘」と呼ばれるストーリー構成が代表的なものとしてあります。「空に雲が多い」という事実から、「雨が降りそうだ」という解釈を行い、「傘を持っていこう」という行動を起こす（結論）という流れです。

図表 2-2：空雨傘の流れ

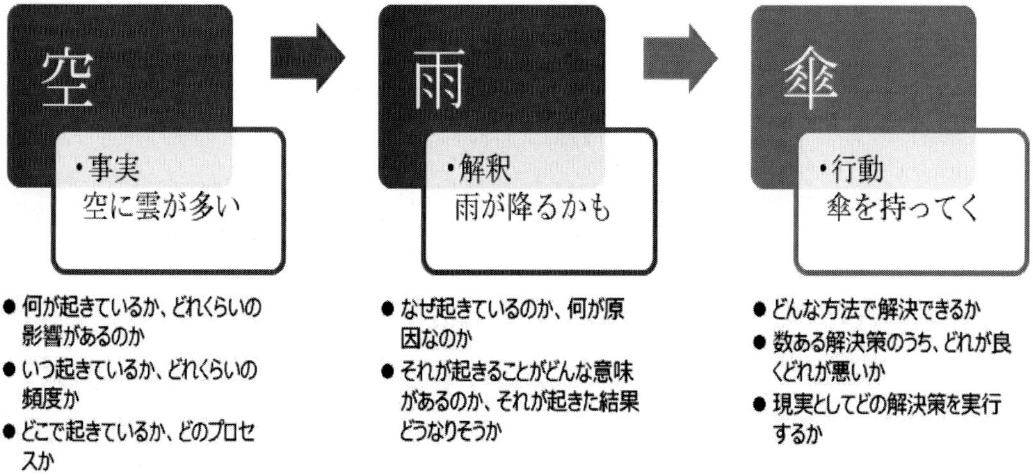

空	雨	傘
・事実 空に雲が多い	・解釈 雨が降るかも	・行動 傘を持ってく
● 何が起きているか、どれくらいの影響があるのか ● いつ起きているか、どれくらいの頻度か ● どこで起きているか、どのプロセスか	● なぜ起きているのか、何が原因なのか ● それが起きることがどんな意味があるのか、それが起きた結果どうなりそうか	● どんな方法で解決できるか ● 数ある解決策のうち、どれが良くどれが悪いか ● 現実としてどの解決策を実行するか

　空雨傘の流れは、問題解決にとても重要となる考え方です。事実をきちんと確認し、それを解釈し、さらに行動する（結論づける）という、空雨傘のどれが欠けても正しい問題解決が行えないからです。

　ビジネスにかぎらず、日常生活にも解決すべき問題が沢山あります。それらの問題に、この空雨傘の考え方を応用することができます。

空	雨	傘
電車が遅れている	復旧に時間がかかる	タクシーを使う
天井から水が漏れている	屋根に穴が開き雨漏りしている	屋根修理業者に依頼する
サッカーチームが勝てない	終盤スタミナ切れで失点する	選手交代を早める采配をする
天ぷら油から火が出た	油の火事は水を掛けられない	消火器を使って火を消す

　上図のように、問題解決には空雨傘の流れがとても重要になります。問題解決には成果につながる「どのように解決するか」から考えがちですが、空雨傘の空、事実の把握から始める必要があります。

　空雨傘を、問題の定義と解決法・5W1H に当てはめると下の図のようになります。

問題の定義と解決法

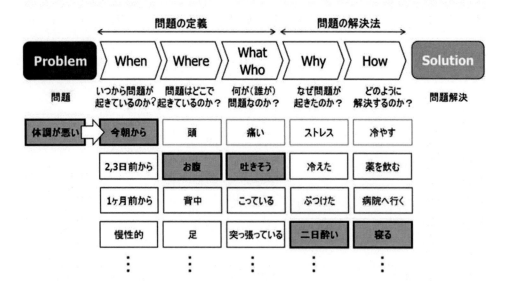

　「体調が悪い」という情報だけでは、的確な問題の解決法につながらない可能性があります。問題解決のためには、まず問題の特定・定義が重要であると理解することができます。

03 プレゼンテーションの論理展開

　プレゼンテーションでメッセージを相手に理解し納得してもらうためには、論理的に説明していく必要があります。

　論理的に説明する方法は、①演繹法（えんえきほう）と②帰納法の2通りあります。

① 演繹法

　演繹法（えんえきほう）とは、一部が三段論法とも呼ばれる、2つの事実や情報を関連づけ必然的な結論を導く思考方法のことです。

　例えば、「スカイツリーは日本一高い」「『日本一』のモノは人気が出る」という2つの事実や情報があったとします。そこから導き出される結論は、「スカイツリーは人気が出る」です。

　このような思考法を演繹法といいます。

図表 2-3：演繹法（えんえきほう）の例

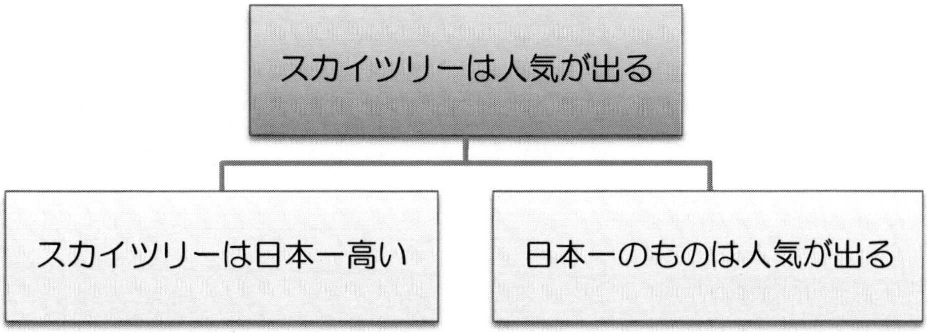

```
          ┌─────────────────────────┐
          │  スカイツリーは人気が出る  │
          └─────────────────────────┘
                       │
          ┌────────────┴────────────┐
┌──────────────────┐   ┌──────────────────┐
│ スカイツリーは日本一高い │   │ 日本一のものは人気が出る │
└──────────────────┘   └──────────────────┘
```

　結論やメッセージが先にある場合、演繹法で論理展開するため、どのような事実や情報を示せばよいのかという考え方もできます。

　例えば、「先輩は酔っている」という結論から論理展開する場合には、どんな事実や情報があればよいでしょうか。例えば、「お酒を飲むと酔っ払う」と「先輩はお酒を飲んでいる」です。

図表 2-4：演繹法（えんえきほう）の例（逆）

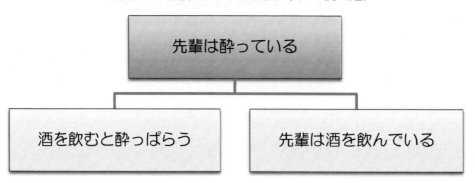

② 帰納法

　帰納法（きのうほう）は、多くの観察事項や事実から共通点をまとめ上げることで、結論を引き出すという思考法です。

　例えば、「大根の価格が高い」「白菜の価格が高い」「青菜の価格が高い」という 3 つの観察事項や事実があったとします。そこから導き出される結論は、「野菜の価格が高騰している」です。

　このような思考法を帰納法といいます。

図表 2-5：帰納法の例

　演繹法と同じように、結論やメッセージが先にあった場合、帰納法で論理展開するためにはどんな事実や情報を示せばよいのかを考えることもできます。

　例えば、「ラーメンは太りやすい」という結論を導きたい場合には、どんな事実や情報があればよいでしょうか。例として、「味噌ラーメンは太りやすい」「豚骨ラーメンは太りやすい」「醤油ラーメンは太りやすい」が考えられます。

図表 2-6：帰納法の例（逆）

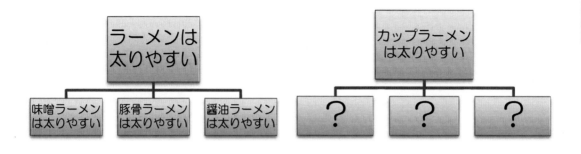

　帰納法で注意すべき点は、事実からいくつかの異なる解釈が生まれる点です。様々な解釈ができるので、相手を納得させる解釈を導き出すことがポイントです。

帰納法の解釈

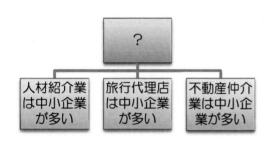

この事実からどんな解釈ができるか？

・サービス業は中小企業が多い
・小額投資で創業できる業界は、中小企業が多い
・情報仲介業は中小企業が多い

　このように、演繹法や帰納法といった思考法を活用し伝えたいメッセージを相手が理解し納得できるように論理展開を組み立てていきます。

■ ロジックツリー

　相手を納得させ行動してもらうため、またメッセージを裏付けるため、いくつかの論理展開を組み立てていくと全体の構成は大きな木のようになります。

　この構成の大きな木のことを、「ロジックツリー」と呼びます。図のように論理展開をここまで作り込むのは手間がかかりますが、プレゼンテーションの資料を作成する前に「ロジックツリー」状に論点を落とし込んでいくことで、論点を明確にすることができ、資料作成がスムーズに行え、提案の論理展開に矛盾や無理がないか簡単にチェックできるようになります。

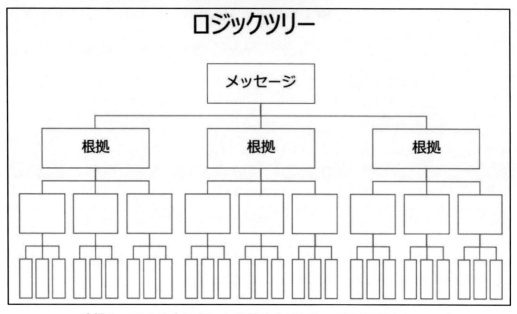

演繹法（えんえきほう）と帰納法を活用して論理展開をしていく

第 3 章

プレゼンテーションの
視覚的演出

01 SmartArt グラフィックの活用

　前章でプレゼンテーションの成否には全体の構成が重要であり、その手法について述べてきました。営業としてクライアントに対して自社の優位性を伝え、企画の提案などをするうえで、しっかりとした構成が必要であることが理解できたと思います。

　しかし、あなたの競合先である同業他社も同じように自社の優位性や素晴らしい内容の企画提案を準備してプレゼンテーションに臨むはずです。複数社のプレゼンテーションの内容から、クライアントがあなたのプレゼンテーションを検討、採用するために重要になる要素があります。クライアントの印象に残るプレゼンテーションにするには、しっかりとした構成に加え視覚効果を上手く使う必要があります。文字だけの資料よりも、写真やイラストを付け加えて視覚的にどのように見せるか、訴えかけるかを意識し、プレゼンテーションの資料構成に組み込みます。

　実際に、図を参照してみるとよく分かります。一方は、画像なしの資料であり、もう一方は画像を挿入した資料です。提案している内容は両方の資料とも同じですが、画像があることにより何を伝えたいのかがイメージしやすくなります。

　画像なしの資料では、「犬を飼うと安心と健康が手に入る」という内容をプレゼンテーションする際、言葉での解説や補足を必要とします。一方、画像有りの資料は、画像やイラストがあることで「安心」＝「番犬」、「健康」＝「散歩（ウォーキング）」と言葉にしなくてもイメージできるはずです。

図：画像なし

我が家で犬を飼う
安心と健康の両方を、 手に入れることが出来ます

図：画像あり

我が家で犬を飼う
安心と健康の両方を、 手に入れることが出来ます

　視覚効果を上手く使う重要性は、目から入る情報が最も印象に残るという「メラビアンの法則」から理解できるはずです。また、画像やイラストと同様に、数値化したデータを伝える場合、数値の羅列表を挿入するなど文字情報ではなく、カラーグラフなどにすることで数値データを強調するのもよいでしょう。

　画像やイラスト、グラフなど視覚効果を意識した表現を織り込むことで、プレゼンテーショ

ンの構成と印象度が引き立ちます。

　プレゼンテーションの目的をはっきりとさせ、伝えるべきことを上手に盛り込み、構成された資料を見栄え良く整えることで、プレゼンテーションで成果を上げることに繋がります。

　この章では、プレゼンテーションの視覚的演出の方法である PowerPoint の機能について説明していきます。

1．SmartArt グラフィックの活用

　PowerPoint で作成する資料は、情報を視覚的に表現することが重要です。PowerPoint に実装されている図形やアイコン、グラフィックを活用して、提案内容や自分の考えを伝えるレイアウトを考えてみましょう。

2．SmartArt グラフィックへの変換

　文字だけではインパクトの弱いスライドを、SmartArt グラフィックに変換する方法を使い、伝えたいメッセージを強調します。

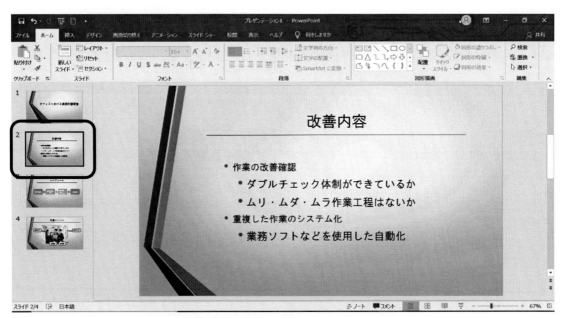

① ファイルの PowerPoint「業務改善報告」を開く。
② PowerPoint「業務改善報告」のスライド2を選択する。

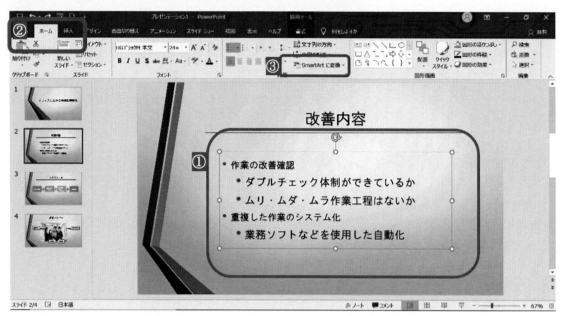

① PowerPoint スライドのテキストプレースホルダーを選択する。

② 「ホーム」タブを選択する。

③ 「SmartArt に変換」をクリックする。

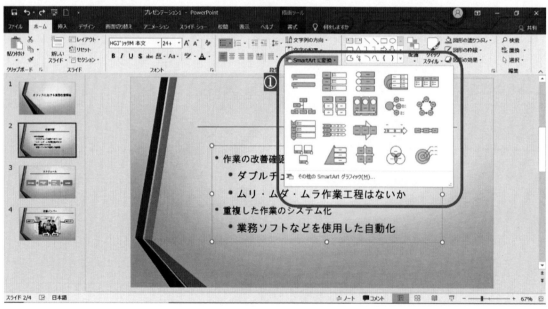

① 「SmartArt グラフィックの一覧」がドロップダウンメニューで表示される。

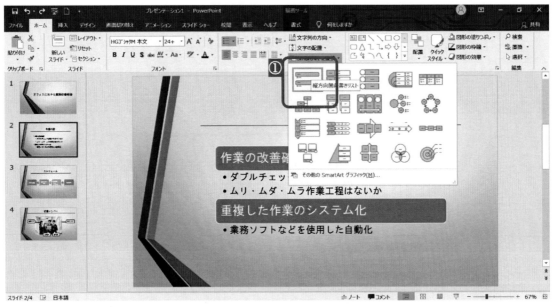

① 「SmartArt グラフィック」を選択する。（今回は、「縦方向箇条書きリスト」を使用）

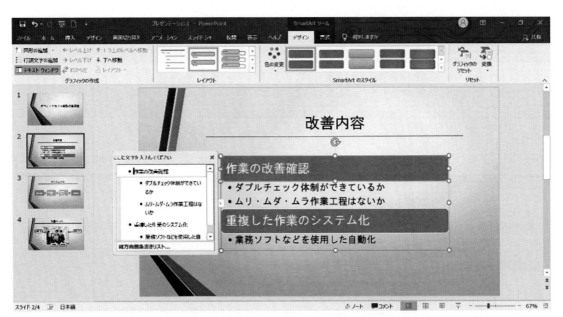

① 「SmartArt グラフィック」に変換が行われます。

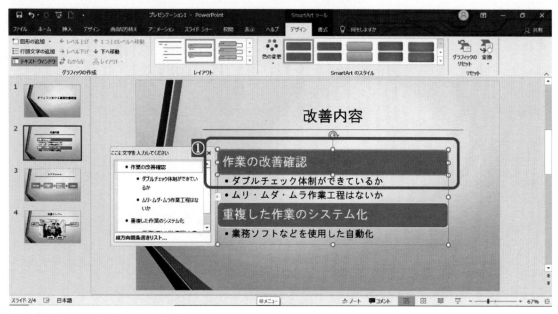

① 「作業の改善確認」の図形をクリックで選択する。

② 選択した図形だけにハンドルが表示されている。

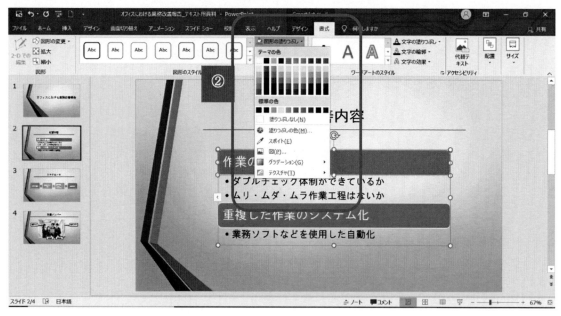

① 「SmartArt ツール」の「書式」タブを選択する。

② 「図形の塗りつぶし」 図形の塗りつぶし をクリックする。

③ 色をクリックして選択する。（今回は任意で色を決定）

02 図形の作成

1．図形の書式設定

SmartArt グラフィックは、一括で書式や色、スタイルを変更することもできますが、図形ごとに任意で設定をすることも可能です。

図形の書式設定を行うには、図形を指定して文字フォントやフォントサイズなどを設定していきます。

図表 3-1：図形の書式設定

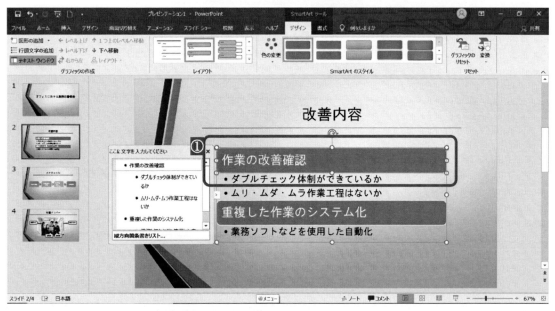

① 「作業の改善確認」の図形をクリックで選択する。

② 選択した図形だけにハンドルが表示されている。

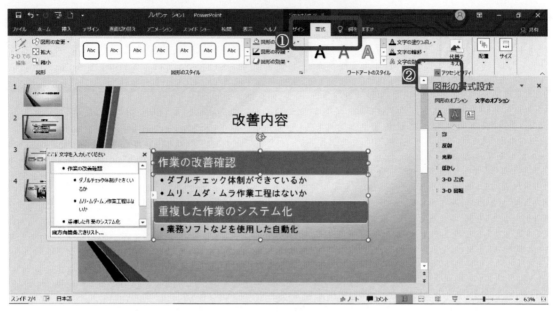

① 「SmartArt ツール」の「書式」タブを選択する。

② 「ワードアートのスタイル」の 🢖 をクリックする。

③ 「図形の書式設定」の作業ウィンドウを開く。

図表 3-2：②の拡大図

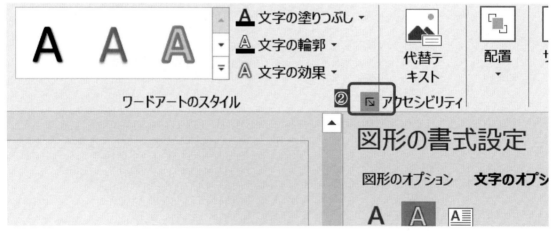

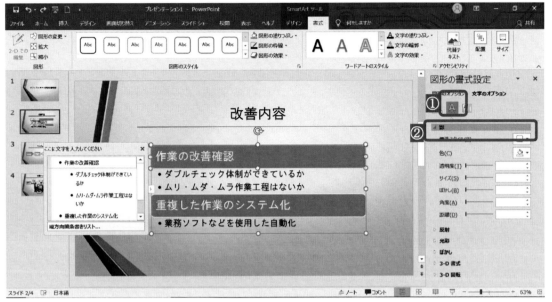

① 「図形の書式設定」作業ウィンドウの文字のオプション「文字の効果」を選択する。

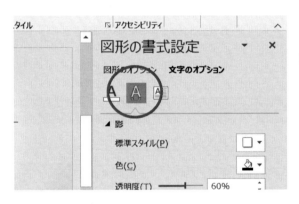

② 「文字の効果」の「影」を選択する。

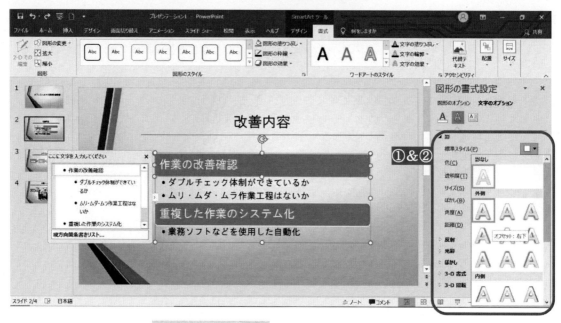

① 「標準スタイル」の ［標準スタイル(P)　　　　□▼］ ドロップダウンボタンをクリックする。

② 「影スタイル」のドロップダウンメニューを表示する。

③ 「外側」の「オフセット：右下」を選択する。

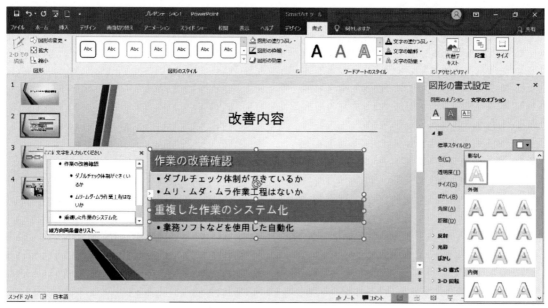

① 文字に影がつき、浮き上がって見えるようになる。

2．図形に文字を入れる

PowerPoint では、SmartArt グラフィックを使い、視覚効果を狙った表現をすることで、より強くメッセージを伝えることができます。SmartArt グラフィック以外にも、図形でメッセージを強調する方法があります。

図表 3-3：図形の選択とテキスト入力

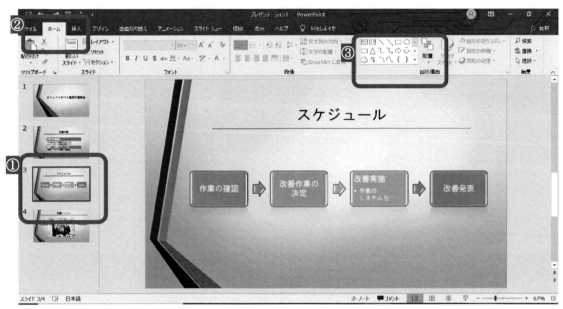

① スライド**3**を選択する。

② 「ホーム」タブを選択する。

③ 「図形描画」の「その他」 をクリックする。

3

プレゼンテーションの視覚的演出

① 図形の一覧がドロップダウンメニューで表示される。
② 四角形の図形の一つを選択します。（今回は任意で選択）
③ マウスカーソルが「白い矢印」から「＋」へと形状が変化します。

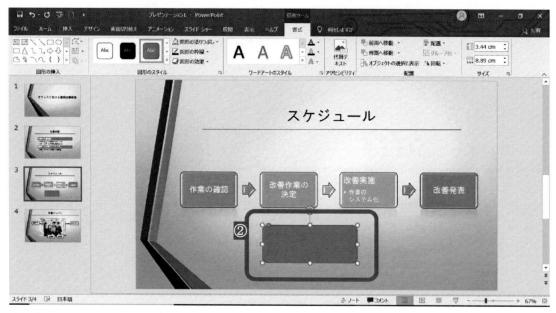

① 「＋」の形状になったマウスカーソルを、スライドの好きな場所にクリックすると正方形、
　 ドラッグすると好きな大きさの長方形を作ることができます。
② スライド上に選択した画像を貼る付けます。

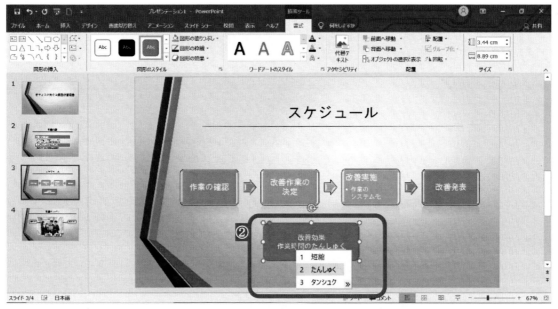

① 貼り付けた図形をダブルクリックすると、図形の中にカーソルが移動します。

② 図形に文字入力をします。（今回は、「改善効果（改行）作業時間の短縮」を入力します）

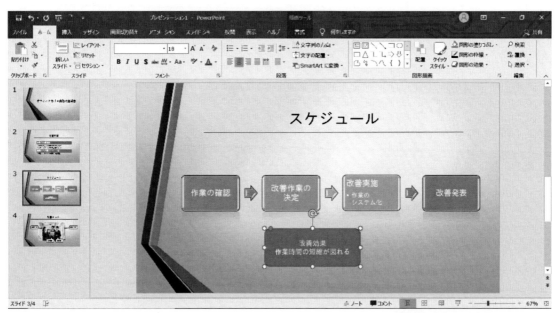

① 図形の挿入と文字入力で「伝えたいメッセージ」を強調することができます。

03 写真、画像の挿入

　PowerPoint に写真や画像を挿入し、より具体的なイメージをプレゼンテーションの聴き手に伝えることができます。イベント会場の場所やイベントの様子および、自社の商品など「実物」を具体的に見せたいときに使うと効果的です。実物写真以外にイメージ写真を使うこともあります。実際の商品などの写真がない場合、イラスト（画像）で表すと正確な情報が伝わらない可能性があるので注意する必要があります。反対に、イラスト（画像）は、スライドのイメージを伝えるときに使います。イラストや写真があるだけでスライドが華やかになり、相手の注目を集めることができますが、どちらもスライドの内容に合った素材を使うことが大切です。
　スライド4のように、画像の挿入を行います。

①スライド挿入をしたい場所の前のスライドを選択する。（ここでは、スライド4の次に新しいスライドを挿入)
②「ホーム」タブを選択する。

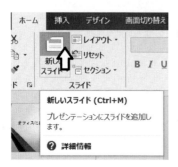

③「スライド」の「新しいスライド」　をクリックする。

① 新しいスライド（スライド5）が挿入されました。

① テキストプレースホルダーを選択する。
② 「挿入」タブを選択する。

③　「画像の挿入」ダイアログ ボックスで、「画像の挿入元」を選択します。(今回は、「このデバイス」を選択)

① 画像ファイルが表示される。

② 挿入したい画像を選択し、画像ファイルの「挿入」 挿入(S) をクリックする。

① 画像がスライドに挿入されます。

② 画像のサイズを変更したい場合、ハンドルにカーソルを合わせ、拡大は「Shift＋→」、縮小は「Shift＋←」で調整します。

第 4 章

プレゼンテーションの
実行とサポート

01　スライドショーの実行

　スライドショーとは、PowerPoint のスライドを外部ディスプレイやスクリーンに大きく映し出す表示モードのことです。プレゼンテーションや展示会場などで使われ、ターゲット顧客や視聴者にとってスライドが見やすくなる便利な機能の一つです。

　スライドショーの操作について説明していきます。

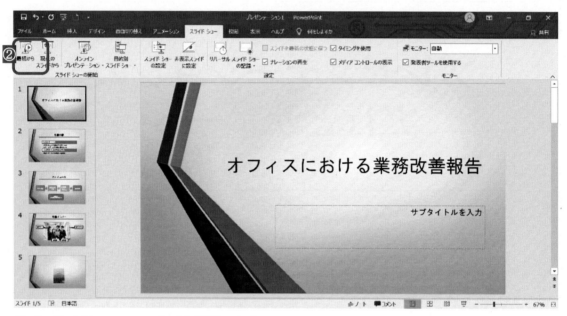

①「スライドショー」のタブを選択します。

②「最初から」をクリックします。

スライドショーを実行するには、以下のショートカットキーを使用しても OK です。

動作	操作キー
最初のスライドから実行	F5 キー押下
現在のスライドから実行	Shift キー＋F5 キー

　次のスライド、あるいは前のスライドに移る方法について表で解説します。

　次のスライド、あるいは前のスライドに切り替える時は以下の操作キーが有効ですので覚えておくと便利です。

動作	操作キー
次のスライドへ移行	↓キー、→キー、スペースキー、Enter キー
前のスライドへ移行	↑キー、←キー、Backspace キー

　スライドショーの実行中に画面を拡大/縮小する方法について解説します。

　スライドショーの拡大/縮小は、以下の操作キーが有効ですので覚えておくと便利です。

動作	操作キー
拡大	Ctrl キー ＋ ＋キー
縮小	Ctrl キー ＋ －キー

　スライドショーの実行中、Ctrl キー ＋＋を押すごとにスライドを拡大することができます。拡大は 3 段階までできます。文字を大きく見せたい場合に使用すると便利です。

　拡大した状態で、マウスをドラッグするか、↑↓←→のいずれかのキーを押すと表示範囲を移動することができます。

　最後にスライドショーを終了するためのショートカットキーを表で説明いたします。

動作	操作キー
スライドショーの終了	Esc キー

4

プレゼンテーションの実行とサポート

02 リハーサルと プレゼンテーションサポート

　プレゼンテーションの本番を迎えるにあたり、リハーサルとして繰り返し練習することで、淀みなくプレゼンテーションの目的とメッセージを相手に伝えることができます。PowerPointには練習に利用できる「リハーサル機能」が用意されています。本番同様に説明しながらスライドを操作すると、それぞれのスライドの所要時間を計測してくれます。ベストなタイミングで準備ができれば、プレゼンテーションの自動再生をすることもできます。

図表 4-1：PowerPoint のリハーサル機能

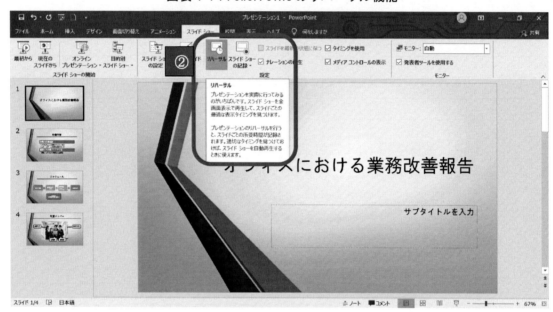

① 「スライドショー」のタブを選択する。

② 「リハーサル」 ![リハーサル] をクリックする

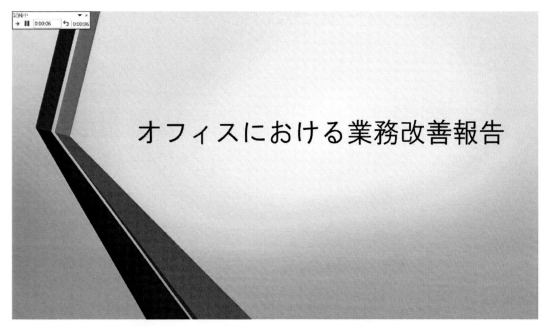

① スライドショーが開始されます。
② 右上に「リハーサルツールバー」が表示され、時間の記録が開始されます。

　　　　　　真ん中が現在のスライドの表示時間です。

③ 本番同様にプレゼンテーションのリハーサルを行い、スライドを切り替えていきます。

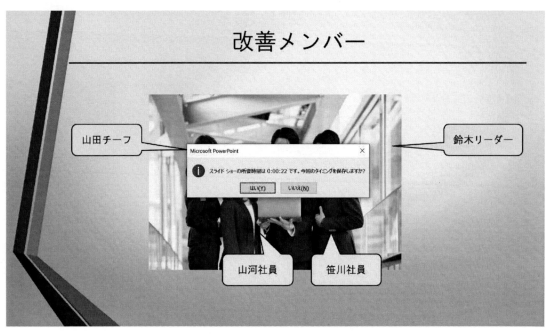

① プレゼンテーションのリハーサル終了後、メッセージが表示されます。

②「はい」クリックするとリハーサルに費やした時間を
　記録します。

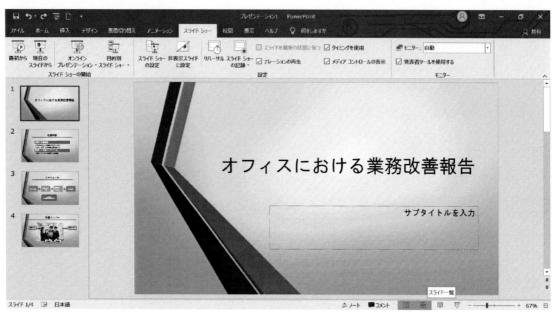

① 画面右下の「スライド一覧」をクリックします。

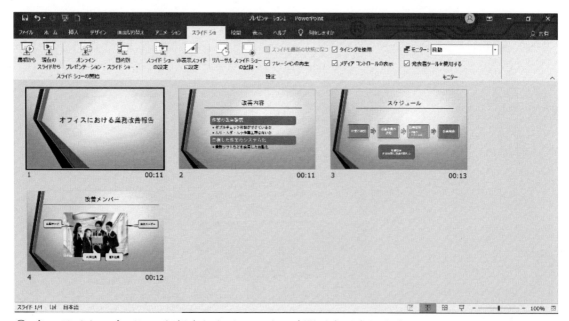

① 各スライドの右下に、記録されたリハーサル時間が表示されます。

　一つのスライドに要する時間が長過ぎる場合は、説明を簡略化します。また、短い場合は内

容を膨らませるなどして時間配分を調整します。

このままスライドショーを再生すれば、記録された時間で自動的にスライドを切り替えることも可能です。

■ マウスを「レーザーポインター」に変更する

スライドショーモードでは、通常、マウスポインターが白い矢印の形をしています。この状態でマウスを動かして、差し棒がわりにすることもできます。しかし、スライドの背景が白っぽいと同化してしまい目立ちません。

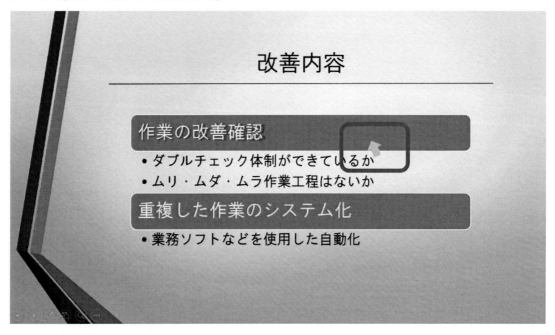

そのような場合、マウスポインターをレーザーポインターに変換して使うと効果的です。

マウスポインターをレーザーポインターとして使うには、「Ctrl」キーを押しながらマウスの左ボタンをドラッグします。

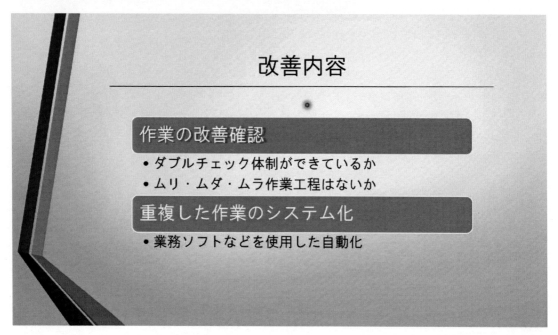

　マウスポインターの形が赤く光ったような形状に変化し、説明箇所を照らしてくれるのです。電気の点いた明るい室内でも使えますが、会場が暗いとより効果を発揮します。

　赤く光ったレーザーポインターを動かしながら説明することで、聞き手の注意を集めることができます。

　レーザーポインター機能を使うときは、常に「Ctrl」キーとマウスの左ボタンを押して動かす必要があります。どちらかの指を離すと、レーザーポインター機能が解除されるので、必要なときに再度、「Ctrl」キーを押しながらマウスの左ボタンをドラッグします。

第 5 章

別アプリケーションの活用

01 Word 文書への変換

■ Word 文書に PowerPoint データを挿入

プレゼンテーションに使用した PowerPoint の資料を、他の報告書やレポートに使用することができます。

PowerPoint で編集したデータをそのまま使用することで、転記ミスやデータ更新の手間を省力化することにも役立ちます。

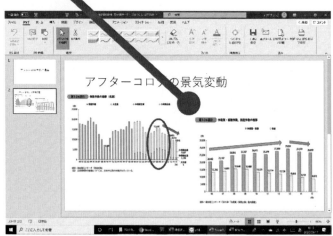

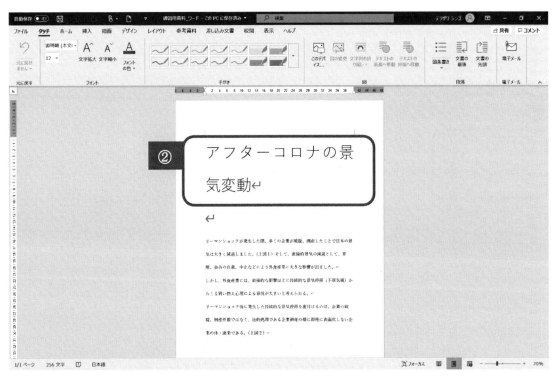

① Word を起動し、「練習用資料_Word」ファイルを開きます。

② 「アフターコロナの景気変動」と改行矢印のフォントを「MS P ゴシック」「28P」に変換してください。

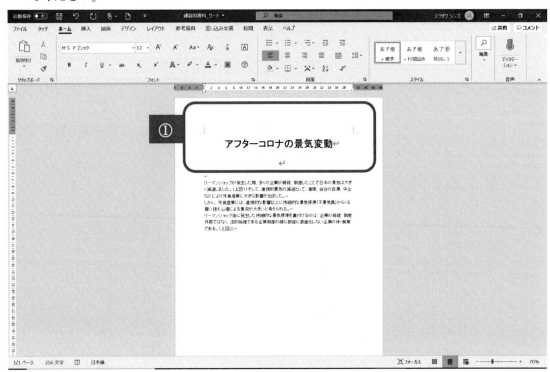

①「アフターコロナの景気変動」を、段落を使い中央揃えにしてください。

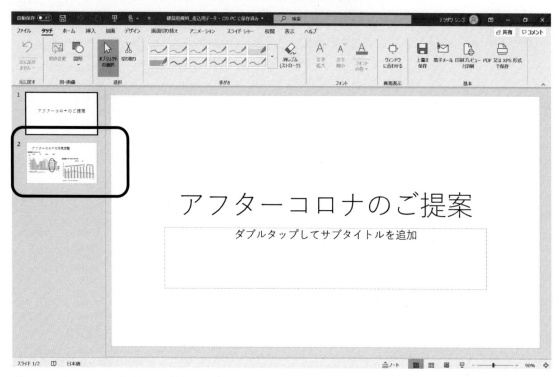

① PowerPoint を起動し、「練習用資料_差込用データ」のファイルを開きます。

② スライド2を選択します。

③ コピーします。

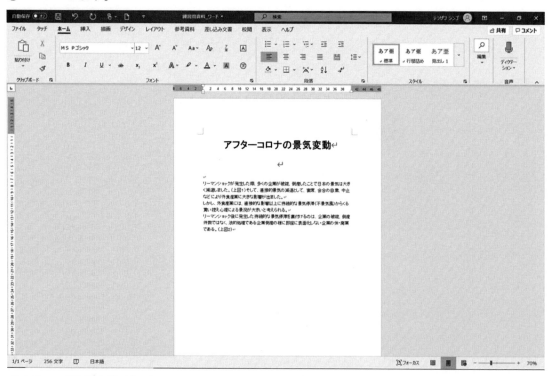

① Word「練習用資料_Word」に PC の画面を切り替えます。

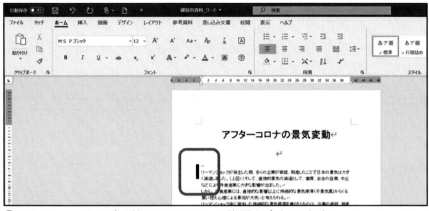

① Word シートの先頭行にカーソルの位置を合わせます。

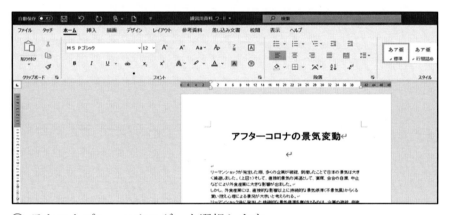

① テキストプレースホルダーを選択します。

②「ホーム」タブを選択します。

③「貼り付け」 の▼マークの部分をクリックします。

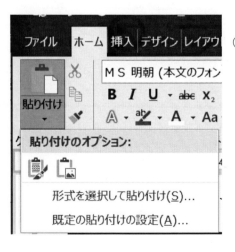

①「形式を選択して貼り付け」をクリックすると、「形式を選択して貼り付け」のダイヤログボックスが表示さます。

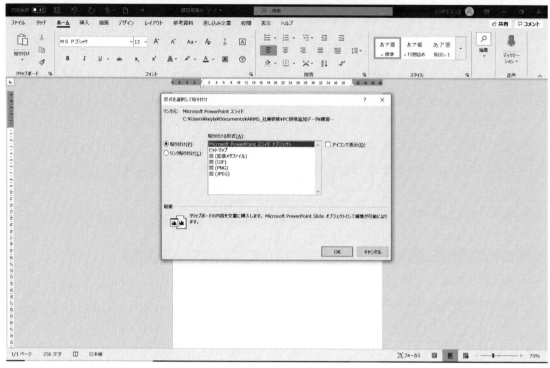

① 「形式を選択して貼り付け」のダイヤログボックスが表示されます。

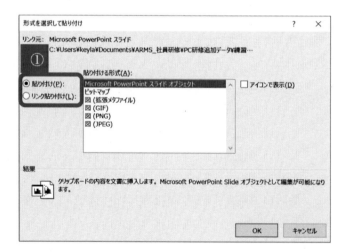

① 「貼り付け」を選択します。
② 「Microsoft PowerPoint スライド オブジェクト」を選択します。
③ 「OK」のボタンをクリックして実行します。

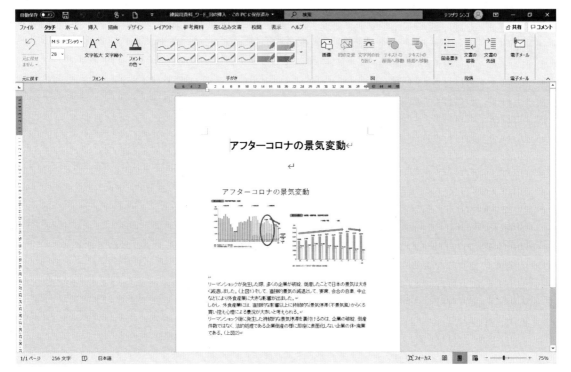

① Word 文書に PowerPoint のシート挿入が完了します。

② 名前を付けて保存します。（今回は、保存場所をデスクトップに指定）

One Point

✓ 取り込んだデータは PowerPoint として、変更・加工を加えることができる。

 • Word 文書に挿入した PowerPoint シートに「図1」、「図2」のテキストボックスを書き込み加工してみましょう

✓ 画像に枠線をつけたい場合、

 • 画像を範囲指定する

 • 「図の書式」タブが出るのでクリックする

 • 「図のスタイル」グループの中にある「図の枠線」のボタンをクリックし、ダイアログの中から好きな色を指定すると図を枠線で囲むことができる

One Point

✓ 取り込んだデータの位置を変えたい場合

 • 画像を範囲指定する

 • 「レイアウト」タブをクリックする

 • 「配置」グループの中にある「位置」のボタンをクリックしダイアログの中から位置を指定すると、位置を変更することができる

02 PDF 出力の作成

　PowerPoint で作成した資料をメールなどで送信すると、添付画像のデータ容量が大きく送信エラーが発生することがあります。また、メール添付データの PowerPoint ファイルを開いたとき、本来のデータのレイアウトが崩れてしまうこともあります。PDF ファイルに変換すれば、データ容量のオーバーや、レイアウトが崩れる心配がなく、データを閲覧することができます。

■ PowerPoint を PDF に変換

　PowerPoint から PDF へ保存する場合は「名前を付けて保存」がよく使われてます。まずは、PDF に変換したいスライドを準備します。

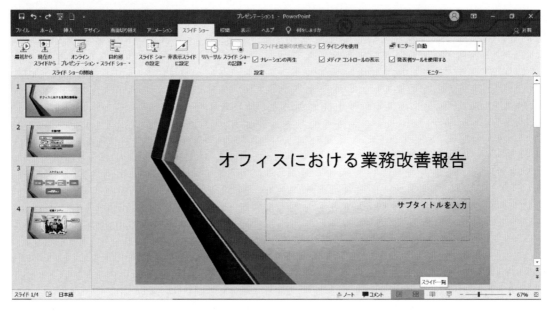

① 左上の「ファイル」タブを選択します。

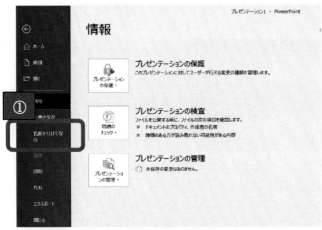

① 「名前を付けて保存」を選択します。

② 保存したいフォルダを選択してください。

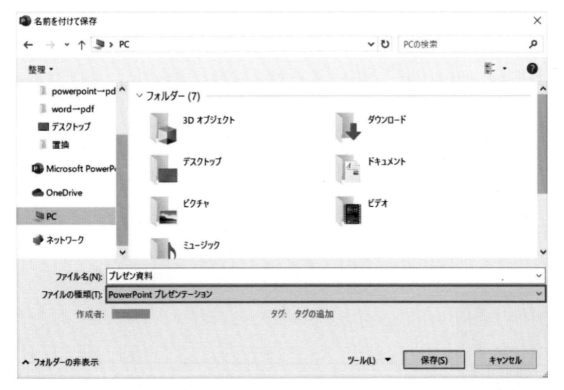

① 「ファイル名」を決定します。（今回は、ファイル名を「プレゼン資料」とします）

② プルダウンメニューで「PowerPoint プレゼンテーション」となっているのを確認します。

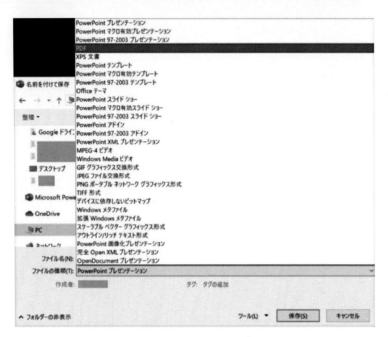

①「ファイル種類」をクリックするとプルダウンメニューが開きますので「PDF」を選択します。

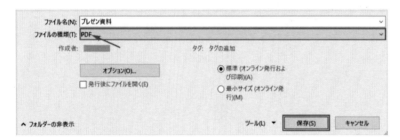

① ファイルの種類が「PDF」になったことを確認したら、「保存」ボタンを押します。

① PDF 形式でファイルが保存されます。

03 Excel データの活用

　Excel で作った表データを、PowerPoint に利用することができます。

　プレゼンテーションで使う資料データとして、表を Excel で作成している場合、PowerPoint
で同じ表を作り直す必要はありません。

　Excel の表をコピーして、PowerPoint のスライドに貼り付けることができます。スライドに
貼り付けた表のハンドルをドラッグすると、表のサイズを自由に調整できます。

　表の外枠にマウスポインターを合わせてドラッグすると、表を移動できます。同様の操作で、
Excel で作成したグラフもスライドに貼り付けられます。

5

別アプリケーションの活用

① 貼り付け元の Excel ワークシートと、貼り付け先の PowerPoint のスライドを開いておきま
す。

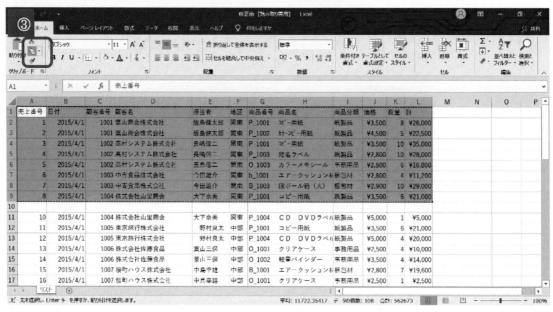

① 貼り付けたい Excel ワークシートのデータの範囲を選択します。

② 「ホーム」タブを選択します。

③ 「クリップボード」グループの「コピー」ボタンをクリックします。

④ 選択したセルの周囲が点滅します。

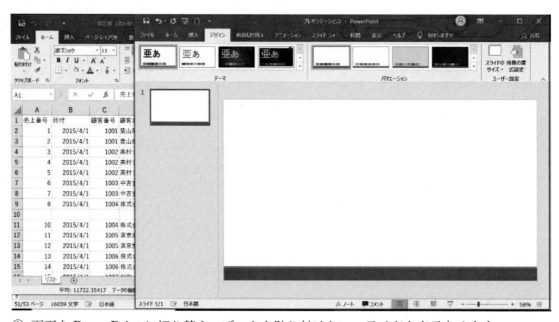

① 画面を PowerPoint に切り替え、データを貼り付けたいスライドを表示させます。

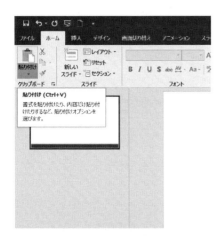

① Excelデータを貼り付けたいスライドを表示させ、「ホーム」タブを選択します。

②「クリップボード」グループの「貼り付け」ボタンをクリックします。

③ スライド上に表が貼り付けられます。

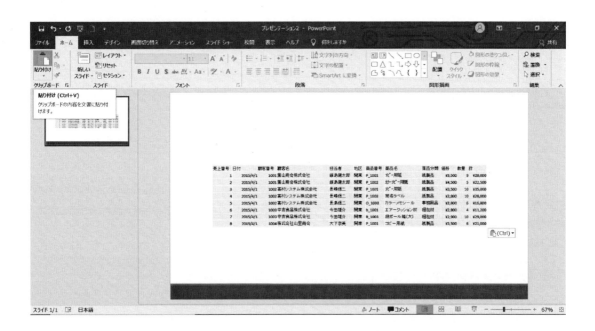

　貼り付けボタンをクリックすると表示される［貼り付けのオプション］を使った様々な貼り付け方があります。プレゼンテーションの内容、データを使用する用途に合わせて使い分けをします。

　「貼り付けのオプション」については、次頁で説明します。

●貼り付けのオプション一覧

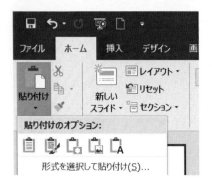

● 貼り付け先のスタイルを使用

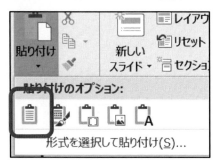

PowerPoint 画面で貼り付けたときの初期設定は、「貼り付け先のスタイルを使用」になっています。

この貼り付け方は、プレゼンテーションに適用されているテーマに合わせて貼り付けられますので、Excel の書式は引き継がれません。

● 元の書式を保持

「貼り付けのオプション」から「元の書式を保持」をクリックすると、Excel で設定された元の書式が残ります。

● 埋め込み

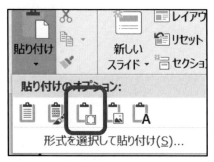

「貼り付けのオプション」の「埋め込み」をクリックすると、PowerPoint に Excel ブック全体のデータをそのまま埋め込む形になります。前述の「元の書式を保持」と見た目はよく似ていますが、内容は全く異なります。

※挿入後、表の上でダブルクリックすると Excel に切り替わりますので、PowerPoint 上で Excel の機能を使って編集することができます。

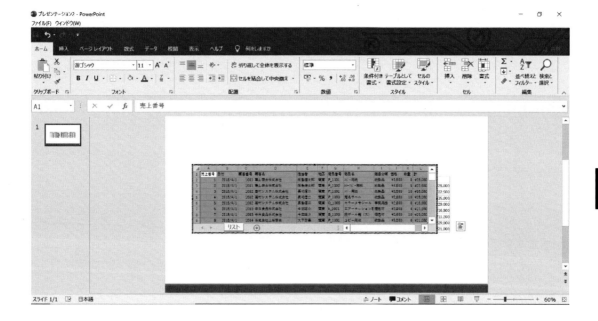

● 図として貼り付け

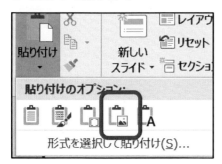

　「貼り付けのオプション」の「図」を選ぶと、表ではなく図として貼り付けることができます。データの編集はできませんが、さまざまな図の効果を活用することができます。

● テキストのみ保持

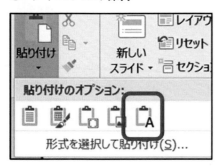

　「貼り付けのオプション」の「テキストのみ保持」を選ぶと、表や図の形式ではなく Excel データの文字のみを貼り付けることができます。テキストとして記入された文字のみを貼り付けるため、表計算や画像処理などの編集、加工はできません。

第 6 章

プレゼンテーションを
してみよう

■ プレゼンテーションの流れ

　プレゼンテーションとは「相手に自分の意見や情報を伝え、理解し・納得し・行動してもらい、それにより自分の目的を達成すること」です。

　そして、プレゼンテーションを行うためには、資料作成、事前準備そしてリハーサルなど、実際のプレゼンテーション実施までに行うことが多くあります。

　では、プレゼンテーション資料の作成からプレゼンテーションまでを行ってみましょう。

　プレゼンテーションの準備は以下の手順で進めます。

１．プレゼンテーションの相手・目的・伝えるべきメッセージを考える

２．全体の構成を考える

３．プレゼンテーションのストーリーと構成を組み立てる

４．プレゼンテーションの論理展開に落とし込む

５．プレゼンテーションの資料を作成する

６．リハーサル、事前準備を行う

　　（資料の修正、設備の準備などを行う）

１．プレゼンテーションの練習課題

「犬を飼う」

　①プレゼンテーションの相手は誰か？／犬を飼う目的は何か？／伝えたいメッセージは？

プレゼンテーション「犬を飼う」	
プレゼンテーションの相手	両親
プレゼンテーションの目的	犬を飼うことを承認してもらう
伝えたいメッセージ	犬を飼うことのメリット

　②プレゼンテーションの構成を考える

プレゼンテーション「犬を飼う」		
空	雨	傘
空巣が増えている	防犯対策が必要だ	番犬を飼おう
運動不足で太った	ウォーキングをしよう	一緒に散歩する犬が必要

③プレゼンテーションの論理的構成と展開を考える

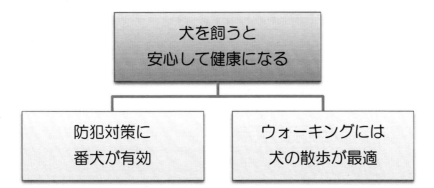

２．プレゼンテーション資料の作成

「犬を飼う」

① タイトルのスライドを作成する。

我が家で犬を飼う

安心と健康の両方を、
手に入れることが出来ます

① プレゼンテーションのテーマをスライドで作成する。

空巣が心配ですか？

愛犬を飼うと、
24時間いつでも傍にいる
有能なガードマンになります。

① プレゼンテーションのトピックを作成する。（演繹法、帰納法を活用）

ダイエットが必要ですか？

三日坊主で運動が続かない！
毎朝、毎晩必ず散歩する習慣が身につきます。
ウォーキングで健康維持ができます。

① プレゼンテーションのトピックを作成する。（演繹法、帰納法を活用）

愛犬と一緒に過ごす！

かけがえのない生活を守るため
安心と健康を手に入れられるチャンスです。
我が家に「犬」を飼うことは必然です！

① プレゼンテーションのまとめを作成する。

著者紹介

寺澤 進吾（てらざわ しんご）

オフィス キーウエスト　代表

経営コンサルタント

1965 年岐阜県生まれ。帝京大学卒業後、アメリカ留学を経て総合商社に入社。
2005 年独立創業。経営戦略に基づく財務、人事、IT、物流の複合業務を融合した企業マネジメントによる経営の課題解決と企業成長の支援を行っている。近年は、企業の人事労務マネジメントの最適化を担い人材の採用・教育・育成と組織開発に注力して活動中。

職業訓練法人Ｈ＆Ａ　営業のプレゼンテーション

2021年4月1日　　初 版 発 行
2023年4月1日　　第二版発行

著 者　寺澤 進吾

発行所　　職業訓練法人Ｈ＆Ａ
　　　　　〒472-0023　愛知県知立市西町妻向14-1
　　　　　TEL 0566(70)7766
　　　　　FAX 0566(70)7765

発 売　　株式会社 三恵社
　　　　　〒462-0056　愛知県名古屋市北区中丸町2-24-1
　　　　　TEL 052(915)5211
　　　　　FAX 052(915)5019
　　　　　URL http://www.sankeisha.com

ISBN978-4-86693-421-1